ENCORE

UN MOT

A

M. DE CHÂTEAUBRIAND.

DE L'IMPRIMERIE DE Me Ve JEUNEHOMME,

RUE HAUTEFEUILLE, N° 20.

ENCORE
UN MOT

A

M. DE CHÂTEAUBRIAND,

PAIR DE FRANCE, EX-MINISTRE D'ÉTAT, CHEVALIER
DU SAINT-SÉPULCHRE, etc.

Tant de fiel................?

PARIS,

CHEZ { L'HUILLIER, LIBRAIRE, RUE SERPENTE, Nº 16;
DELAUNAY, LIBRAIRE, AU PALAIS-ROYAL.

JANVIER 1817.

ENCORE

UN MOT

A

M. DE CHÂTEAUBRIAND.

Serait-il vrai, comme on le dit, M. le Vicomte, que vous écrivez pour faire du bruit ; que vous faites du bruit pour avoir une grande place ; et, qu'en attendant la place, vous prenez à-compte l'argent dont on paie vos livres et le scandale qu'ils produisent ? Il y a, dans ce monde, une classe dont on est toujours sûr de tirer parti. Cette classe est celle des bonnes gens, et c'est sur elle que vous spéculez. A merveille ! M. le Vicomte ! Vous avez fait successivement un *Essai Historique, Moral et Politique* sur les révolutions ; puis de la théologie, puis des romans. Aujourd'hui vous en revenez à la politique, que vous traitez à-peu-près comme la théologie, par chapitres bien opposés les uns aux autres, sans unité, sans liaison dans les principes. Qu'importe ? Vos ouvrages font du bruit ; et comme on les paie, et qu'ils empêchent que l'on ne vous oublie, ils ont toujours produit leur effet.

Ce système semble vous réussir, car vous ne cessez de l'employer. En trois mois, votre plume facile nous a donné ce fameux ouvrage : *de la Monarchie selon la Charte*, une dénonciation sous le titre de *Proposition à la Chambre des Pairs*, et peu de jours après, deux gros volumes renfermant, non ce que vous avez pensé, mais ce que vous avez écrit depuis deux ans. Que serait Scudéry comparé à vous ? Aussi la critique et l'admiration ne peuvent y suffire ; comme elles pourraient s'embarrasser dans leur marche, je laisserai l'une de côté, et je tenterai de vous suivre avec l'autre.

Vos *Mélanges de politique* sont précédés d'une préface dans laquelle, selon votre coutume, vous ne parlez que de vous. J'examinerai ce morceau, parce qu'il présente une contradiction manifeste avec l'avertissement mis en tête de votre proposition à la chambre des Pairs, où vous annoncez que la terreur inspirée par le ministre de la police est telle, que vous avez eu peine à trouver un imprimeur assez courageux pour se charger de la publication de vos ouvrages. Après avoir cité M. Didot, dont le refus est absolument étranger aux causes que vous supposez, vous parlez de la crainte de compromettre encore une fois M. Lenormant; et, voilà qu'aujourd'hui, il sort des presses de ce même M. Lenormant, un recueil complet de vos OEuvres politiques, dont l'importance (sous le rapport du travail d'impression) est telle, qu'il devait être entre les mains des compositeurs à l'époque où vous proclamiez que, dans la crainte d'attirer une seconde fois des dangers sur un homme déjà poursuivi à cause de vous, vous ne vouliez pas l'exposer aux *nouvelles chances de votre fortune.* Il vous est, ce me semble, M. le Vicomte, assez difficile d'échapper au soupçon d'avoir sciemment altéré la vérité.

Cette remarque est à peu-près la seule que je me permettrai sur votre préface. J'abandonne sans commentaires, au jugement du public, l'éloge modeste que vous faites de vos principes, de vos talens et de votre conduite. Ce que vous dites des persécutions dont vous êtes l'objet, prête fort à rire, lorsque l'on vous voit provoquer vainement, par d'injurieux écrits, une sévérité que l'on ne veut pas employer ; braver une autorité qui refuse de punir, et fatiguer par de vagues dénonciations, et le roi dont vous attaquez les ministres, et la France que vous cherchez à alarmer sur ses intérêts les plus précieux.

Vous vous targuez de la mort de vos parens tombés sous la faulx révolutionnaire ; vous retracez pour la seconde fois une scène atroce, dont le récit invraisemblable prouve que votre sensibilité inventive ne recule pas devant des détails horribles, lorsque votre ambition croit y voir quelque chose à gagner ; car tout est spéculation chez vous. Peu s'en faut que vous n'alliez jusqu'à prétendre être rangé au nombre des malheureuses victimes de nos troubles ; et que, nouveau Saint-Denis, vous ne veniez, le *chef* sous le bras, nous dire familièrement les nouvelles de l'autre monde, avec autant de prolixité que vous nous avez raconté les merveilles du nouveau. Peut-être serait-on disposé à vous croire, si vous disiez que plus d'une fois vous avez perdu la tête dans la révolution (1).

____

(1) « Lorsqu'Armand de Châteaubriand fut fusillé

Jusqu'alors on ne s'était pas douté que l'émeute de *Spafields* était l'ouvrage du ministre de la police de France. Cette assertion, si vous parvenez à la prouver, ne sera pas sans profit pour vous, puisqu'elle vous donnera droit à la récompense de 500 livres sterling promise par le *lord Maire*, à celui qui dénoncera l'auteur du complot qui a troublé la tranquillité de Londres.

Vous rêvez des conspirations; vous les annoncez sans cesse; vous en signalez les chefs dans le ministère même, dont toutes les démarches sont d'avance indiquées comme des indices de sinistres desseins. Nous ne croyons pas à l'existence d'une conspiration, car nous mettons sur le compte d'une imagination en délire toutes les tentatives que vous renouvelez sans cesse pour agiter la nation; et s'il fallait établir des soupçons, ils se porteraient plus naturellement sur celui qui cherche à dé-

---

pour le roi, à la plaine de Grenelle, des circonstances que j'ai racontées ailleurs, m'ayant empêché d'accourir assez tôt pour l'embrasser, je trouvai un chien de boucher occupé à lui manger la cervelle ». (*Voy.* pag. ix et x de la préface des *Mélanges politiques* de M. le vicomte de Châteaubriand, pair de France).

truire que sur ceux qui ont intérêt à conser-
ver.

Vous nous apprenez que votre sang a coulé
pour les Bourbons. Il faut que vous vous soyez
coupé en taillant vos plumes, puiqu'on ignore que vous ayez fait autre chose qu'écrire;
et si vous vous étiez battu pour eux, vous
n'auriez pas manqué de nous en informer.

Revenons maintenant à votre dernière brochure, qui parait être la petite pièce après
la grande, et n'avoir été donnée que dans
la crainte que le spectacle ne finit trop tôt.
Vous ne seriez pas fâché qu'on la réfutât
sérieusement! De bonne foi , en vaut-elle
la peine? Que répondre à des raisonnemens
dont vous-même n'êtes pas dupe? Comment
réfuter des faits sans preuves, des assertions
sans vraisemblance? Par d'autres faits, par
d'autres assertions? Rien n'était plus aisé, et
vous n'auriez pas eu le droit de vous montrer
sévère et sur le choix et sur l'exactitude. On
aurait cité les associations secrètes, les intri-
gues et les menées des affidés pour capter
des suffrages, et les scissions qu'ils opéraient
lorsqu'ils ne pouvaient obtenir la majorité.
On aurait opposé le discours d'un prési-
dent de collége électoral, le sermon d'un

grand vicaire , des lettres confidentielles de préfets , des circulaires imprimées, des traductions mêmes de journaux étrangers 1), aux instructions des deux ministres, et à celles de quelques fonctionnaires. On aurait fait voyager plusieurs personnages dont les noms sont bien connus, et qui agissaient ouvertement dans l'intention d'influencer les élections, ainsi que vous avez fait courir un M. A..., le commis-

---

(1) On n'ignore pas que plusieurs présidens des colléges électoraux ont employés l'influence la plus active pour donner aux élections une direction opposée à la volonté du roi ; on n'ignore pas que partout on faisait circuler avec profusion le *post scriptum* de l'ouvrage de M. le vicomte de Châteaubriand , des avis aux électeurs et des extraits même de journaux anglais ; on n'ignore pas enfin qu'un grand-vicaire disait publiquement que les électeurs qui ne rééliraient pas les anciens députés, devaient être considérés *comme des brigands ;* et c'est parce que le préfet avait rappelé cet ecclésiastique à la modération de laquelle il n'aurait jamais dû s'écarter , que M. de Châteaubriand a jugé à propos de signaler dans les termes les moins réservés , la conduite de cet estimable fonctionnaire. M. de Châteaubriand reproduit contre ce même fonctionnaire , deux mémoires , dont l'un est revêtu de quarante-huit signatures, et l'autre de quarante-

saire T..., un sieur le C..., le sieur la B.... Comme vous, on aurait pu *ne pas finir, si l'on avait voulu parler de tous ces agens.* Ce que l'on n'aurait pas oublié, c'est l'escalade de la préfecture de *Digne*, pour enlever la boîte aux scrutins. Cette entreprise avait un caractère avantureux, un je ne sais quoi de chevaleresque, qui la fait distinguer entre cet amas de tentatives sans éclat, que vos amis ont renouvelées avec une persévérance que le mau-

---

une, et il en conclut que le nombre des signataires est de quatre-vingt-neuf. S'il avait pris la peine de lire les signatures, il aurait vu que les mêmes existaient sur les deux dénonciations, et il se serait épargné le reproche assez fondé d'avoir avancé un fait peu exact.

Comment M. le vicomte de Châteaubriand s'est-il en quelque sorte fait accusateur public ? Comment cherche-t-il, avec tant d'avidité, et recueille-t-il avec si peu de prudence, toutes les plaintes, toutes les délations? Tout lui est bon, tout lui rit, pourvu qu'on accuse les ministres, les préfets, les fonctionnaires, investis de la confiance du roi. Il n'examine rien, ni le caractère des hommes accusés ni le caractère des hommes qui accusent, ni les invraisemblances, ni les impossibités. Tout ce qui est accusation prend, à ses yeux, la force de vérité; tout ce qui porte une vais succès ne décourageait pas. On aurait parlé du soin que prenaient vos missionnaires de charger leurs voitures d'un grand nombre d'exemplaires de votre livre, intitulé : *de la Monarchie selon la Charte*, ouvrage parfait, dans lequel vous entrepreniez de prouver que les ministres du roi étaient des traîtres, et que pour l'intérêt même de Sa Majesté, il fallait réélir à la chambre, les députés dont la conduite l'avait offensée. On aurait bien vu que

---

signature lui tient lieu de preuve, tout dénonciateur lui paraît sincère, tout dénoncé coupable.

Cependant, à quels regrets, pour ne pas dire plus, s'expose le noble pair, si l'on prouve qu'en se laissant emporter par son irritation, il s'est fait le fauteur du mensonge, de la vengeance et d'une méprisable ambition, et qu'il a prostitué un beau nom, un rang éminent et un beau talent, pour ne protéger que la calomnie et la mauvaise foi.

Mais déjà les preuves existent; la justice solennelle rendue par la chambre aux députés du Lot, en est une; l'ordonnance du tribunal de Figeac contre cette absurde imputation faite aux habitans de la ville de Saint-Céré, d'avoir reçu le préfet sous une couronne tricolore, en est une autre; et d'autres encore suivront.

vous n'aviez pas l'intention d'influencer les élections, et l'on aurait cru seulement que vous aviez pensé à rendre plus utile et plus productive une spéculation littéraire.

Mais à quoi bon prolonger la discussion d'une affaire dont le premier corps de l'État a refusé de connaître ? Il semble que vous en ayez senti l'inutilité, lorsque vous avez caché le nom du notaire chez lequel sont déposées les pièces de ce fameux procès. Comme il y a plus d'un notaire à Paris, on ne sait auquel s'adresser pour obtenir la communication de ces documens, dont *on ne pourra prendre ni notes ni copies*. Le moyen est assez ingénieux pour éviter les réfutations, à moins qu'on ne les fasse, comme vous faites des livres, au hasard, en soumettant les faits, les dates, les raisonnemens, les principes à une imagination tant soit peu déréglée. Ce procédé est, au reste, le plus commode pour celui qui compose, et le moins fatigant pour celui qui lit, et je vais l'employer pour l'agrément de mes lecteurs et pour le mien.

Vous connaissez, sans doute, *Bobéche*, M. le Vicomte, ce personnage si fameux sur les tréteaux de nos boulevards ! Il a rarement de la raison, plus rarement du bon sens ; mais on lui accorde de l'esprit et beaucoup d'imagination. Vous voyez que s'il eût débité des folies graves et d'un ton d'inspiré devant des auditeurs de bonne compagnie, et qu'il eût fait dans l'intervalle de ses parades quelques petits pélerinages, il ne lui aurait rien manqué pour être rangé parmi les hommes de génie. *Bobéche* donc, disait, ces jours passés à son compère, qu'il voulait une place ; mais il la lui fallait belle et grande. — « Il n'est pas aisé d'en trouver, répondait » l'autre ; les places sont rares. — Eh ! non ; » il y en a tant à Paris ! — Mais pourras-tu » remplir celle que l'on te donnera ? — Bon, » la remplir ! Est-ce que c'est pour les rem- » plir que l'on court après les places ? J'en » remplirai un petit coin, et je donnerai le » reste à d'autres. — Quelle place veux-tu » donc ? — Mon choix est fait, reprenait *Bo-* » *béche ;* je veux la place Vendôme. — La » place Vendôme ! Et comment feras-tu pour » l'avoir ? — Oh ! cela ne m'embarrasse pas ; « je dénoncerai la colonne. »

Ne pourrait-on pas croire que vous avez écouté *Bobéche*, M. le vicomte, et que, comme lui, vous seriez disposé à dénoncer la colonne pour avoir la place. Le métier de dénonciateur n'est pas noble, quand c'est un *Bobéche* qui le fait ; s'annoblirait-il lorsqu'il est exercé par un chevalier du Saint-Sépulchre? Voudriez-vous, par un nouveau tour de force de votre esprit, faire passer pour honorables des choses qui ne le sont pas, ainsi que vous en avez donné des billevésées pour des traits sublimes de génie? Vous auriez peut-être de la peine à réussir. Nous nous laissons quelquefois mistifier en fait d'esprit, nous autres Français; mais nous sommes plus difficiles sur certains préjugés que la révolution n'a pas effacés; et aucun des nombreux dénonciateurs, qui depuis trente ans se sont succédés sur le théâtre de nos discordes, n'a pu échapper au mépris. Vous le prenez, à la vérité, sur un ton plus élevé; vous ne vous arrêtez pas à ces délations bannales, qui valent à leurs auteurs quelque coin d'antichambre, ou une place subalterne. Il vous faut un ministère (car voilà votre but! Tout le monde le devine; tout le monde le sait). Pour y parvenir, vous attaquez celui qui l'occupe. Bravo, M. le Vicomte; vous allez droit en affaire, et vous jouez d'autant plus hardiment, que ne mettant rien au jeu, vous ne pouvez rien perdre, et que vous courez la chance de gagner quelque chose. Malheur seulement aux insensés qui parient sur votre partie...!

Votre dernier ouvrage a produit peu d'effet, et il ne faut pas vous en accuser. Vous l'aviez fait précéder d'un avertissement dans lequel vous annonciez une accusation, des pièces justificatives, une édition supprimée, du scandale et des persécutions. Le plan n'était pas mal combiné, mais l'action a langui, l'édition toute entière paraît dans la boutique de M. Dentu : pas un agent de police ne s'est présenté sans avoir ses 2 francs 5o centimes dans la main. Ici a commencé le *désappointement :* on espérait, pour ne vous rien dissimuler, le second acte du drame commencé chez Lenormant. On vous voyait, l'épée au côté, et le plumet sur l'oreille, conduire une escouade de garçons imprimeurs contre les suppôts de la police, et livrer, pour la seconde fois, un de ces combats où la défaite même n'est pas sans éclat. Qu'un écrivain chevalier soit vainqueur ou vaincu, on veut toujours connaître l'écrit qui a été l'occasion de ses hauts faits·d'armes ; mais ici, la pacifique distribution a tout gâté. Dès qu'on a su qu'aucun obstacle ne contrariait la circulation de votre nouvelle *Philippique,* personne ne s'en est soucié ; on a même eu la sottise d'examiner la figure de ceux qui la lisaient : les uns faisaient la grimace ; et on les voyait, après avoir parcouru quelques pages, revenir au titre, sans doute afin de s'assurer qu'elles étaient écrites par vous ; les autres cherchaient des nouveautés, et ils n'en ont pas trouvé dans des pièces imprimées depuis deux mois dans le *Moniteur*, et réimprimées dans tous les journaux. Ceux qui voulaient avoir acheté de l'éloquence, s'arrêtaient, faute de mieux, à l'énergique dénonciation de M. Lachèse-Murel; d'autres qui s'obstinaient à y trouver du style boursoufflé et de ces interminables comparaisons prises dans les grands effets de la nature, se heurtaient contre la lettre si simple de l'honorable marquis de Clermont-Mont-Saint-Jean. Enfin, vos amis s'attendaient à du scandale; ils en cherchaient partout : ils en ont aperçu dans vos intentions, mais pas la plus légère trace dans votre ouvrage.

Croyez-moi, M. le vicomte, retournez à vos romans; la police ne se mêle plus de vos affaires, elle vous abandonne au public; et c'est le plus mauvais tour qu'elle puisse vous jouer. Si vous voulez encore obtenir des succès, c'est en traitant un sujet qui vous permette de paraître savant et persuadé, comme dans *le Génie du Christianisme ;* raisonnable , comme dans *Attala ,* et moral , comme dans l'histoire de ce bon *Réné ,* dont les affections se concentraient toutes dans l'intérieure de sa famille.

Ne faites plus de propositions à la chambre des pairs ; vos collègues sont peu complaisans : ils vous prient de vous taire dès que vous ouvrez la bouche. Le public paraît être de leur avis , et ne pas plus se soucier de lire vos dénonciations que ces nobles pairs ne veulent les entendre. Adressez-vous à ces honnêtes-gens dont l'esprit et le jugement ont échappé à la corruption du siècle , et qui croient qu'un homme pourvu d'une haute dignité doit toujours avoir raison , et que, quand il se mêle d'écrire, il le fait noblement. Ils vous liront, QUAND MÊME !...... Ils vous croiraient , alors que vous leur diriez que le ministre de la police aurait levé la surveillance du Grand Turc, pour que sa hautesse vint voter dans le collége électoral du Lot, et que les élections du Pas-de-Calais ont été influencées par le khan des Tartares. Vous pourrez ainsi, sans inconvénient, leur donner vos rêves pour des faits, les produits de votre imagination pour des réalités, et vos itinéraires pour des voyages.

Le plus difficile pour vous, sera de ne pas

effaroucher vos lecteurs par vos belles déclamations en faveur de *la charte*. Ils n'entendent pas à demi-mot, et vous aurez beau leur faire des signes, ils ne vous comprendront pas ; vous serez contraint de leur dire :

« Laissez-moi faire. Je parle de la charte, » mais c'est pour que bientôt il n'en soit plus » question. »

« J'embrasse mon rival, et c'est pour l'étouffer. »

Puis il vous faudra recommencer chaque fois que vous ferez résonner à leurs oreilles ces sorties véhémentes contre le despotisme et la tyrannie, ces appels si touchans à la liberté et aux droits des citoyens, et tous ces mots magiques, qui, pendant les premières années de notre révolution, mettaient tant de cervelles en l'air, hélas ! et tant de têtes à bas ! Une fois initiés dans votre secret, ils vous passeront vos écarts, et l'ennui que vous leur causerez par-ci par-là.

Quant à votre dernier pamphlet, il est urgent de l'envoyer en province ; car M. Dentu, pour prix de sa courageuse hardiesse à l'imprimer, est exposé à le garder dans sa boutique. Comment aussi avez-vous négligé d'en expédier quelques milliers d'exemplaires, *avant que l'édition fût saisie.* On les aurait vendus sous le manteau, et six fois leur valeur ordinaire, et les hommes *purs* de nos départemens auraient regardé comme une bonne fortune, l'emplète d'un ouvrage qu'ils ne voudront plus lire, lorsque leur jugement aura été prévenu par celui des journaux. Il faut convenir cependant que vous n'avez rien omis pour piquer la curiosité. Votre brochure ressemble assez à une gazette par la quantité de faits détachés qu'elle renferme. Peut-être trouverait-on encore un autre rapprochement à faire : c'est que, daus ces deux genres de productions, on n'est pas exigeant sur la stricte exactitude des assertions, et qu'un pamphletaire a droit d'inventer comme un journaliste, sans que cela tire à conséquence. Enfin, on serait tenté de croire que, dérobant au *Nain jaune* un procédé connu, vous avez fait placer à votre porte une bouche de fer, destinée à recevoir tout ce que l'esprit de dénigrement invente ou recueille contre le ministère. Vous n'en avez jusqu'alors tiré que des anecdotes controuvées, des rapports de coteries, des commérages sans sel et sans effet; mais cela grossit un livre. En y ajoutant quelques extraits du *Moniteur* et des procès-verbaux de colléges électoraux, on obtient un volume qui, à défaut de gloire, rapporte de l'argent.

On espère que vous ne tiendrez pas la suite des pièces justificatives éternellement enfouies chez l'honnête notaire, dont vous nous avez si malignement caché le nom et l'adresse. Vos amis attendent avec impatience cette importante communication qui, dit-on, se composera de quelques centaines de lettres en quatre pages, écrites par autant de prétendans non élus à la chambre des députés. Tous se plaignent amèrement, et prouvent, d'une manière positive qu'ils auraient été nommés si le ministre de la police n'avait à dessein levé la surveillance de cinq individus, (dont *deux* étaient dès long-temps membres de colléges électoraux,) et s'il ne les avait envoyés faire l'éloge dés formes paternelles de son administration, et des procédés obligeans dont, depuis plusieurs mois, Son Excellence leur donnait chaque jour une preuve nouvelle, en les tenant relégués à cent vingt lieues de leur domicile habituel.

La production de ces pièces ne peut manquer de compléter la preuve de l'existence de cette affreuse conspiration que vous avez dé-noncée, et à laquelle quelques hommes d'un esprit plus tenace qu'éclairé, s'obstinent seuls à croire sur votre parole. Vous joindrez à votre recueil une préface écrite d'un style piquant et léger, à peu près comme celles de vos deux derniers ouvrages. Vous y parlerez de votre personne, que l'on s'acharne toujours à persécuter, et du ministre de la police que vous peindrez aussi noir qu'un tyran de mélodrame. Vous glisserez quelques mots de religion, parce qu'une fois que l'on a pris un caractère, il est bon de le soutenir; puis viendront ces retours sur vous-même, sur vos dignités, sur vos titres à l'admiration, enfin sur l'envie qui s'attache à vous. Vous terminerez par ces commentaires sur le mot MOI, qui composent le fonds de tous vos écrits; et vous aurez fait encore un livre, quelque scandale et un peu d'argent : trois choses avec lesquelles un honnête homme peut attendre un ministère.

Vous avez clairement démontré aux ministres qu'il était fort ridicule à eux de se défendre lorsque vous les attaquiez; et vous leur avez dit, comme M. *Jourdain* à *Nicolle :* « vous » poussez en quarte, lorsque je pare en » tierce. » En effet, quand vous voulez faire du bruit, ils ne doivent pas s'y opposer. Tandis que vos amis n'agissent que par vos ordres, ne parlent que d'après vous, se réunissent, se coalisent, et s'opposent à la volonté bien exprimée du roi, *pour lui prouver leur respectueuse soumission*, il est vraiment assez ridicule que les ministres contrarient une conduite aussi louable, et qu'au lieu de ces hommes que vous nommez exclusivement des *royalistes*, ils desirent voir à la chambre des députés, des gens calmes, fatigués de révolutions, qui se contentent d'un bon gouvernement, et qui placent toute leur confiance dans les lumières du meilleur des rois. Ces députés, quoique vous disiez, quoique vous écriviez, ne remonteront jamais vers cet âge d'or, où l'on n'était pas réduit à défendre, dans des brochures à cinquante sous la pièce, une charte octroyée par le souverain. Ils repousseront tout ce qui peut raviver des haines et fomenter des divisions; ils ne prendront pas du bruit pour de la gloire, et du scandale pour du zèle; ils n'attaqueront pas les institutions pour y substituer leurs systèmes, et les hommes, pour s'emparer de leurs places; ils ne se porteront pas en avant pour attirer les regards, et ne braveront pas avec jactance des coups dont les suites leur seraient peu redoutables; on ne les verra pas, spéculateurs hardis, placer la faveur à fonds perdus, et compromettre une existence honorable, pour courir après de vastes, mais lointaines espérances. Vous le voyez, M. le Vicomte, de tels hommes ne marcheront jamais sous vos bannières.

Des services moins remarquables par leur importance réelle que par l'ostentation de celui qui les rendait, ont attiré sur vous les faveurs les plus recherchées; ces faveurs ne vous suffisent pas; il faut à votre ambition de nouveaux honneurs, il faut un pouvoir positif à votre manie de dominer. Vous voulez un ministère ! Et lequel ?.... La justice ? Vous n'en avez pas l'habitude. La guerre ?.... Vous savez comment elle se fait chez les *Natchez*, puisque vous avez passé parmi eux le temps où l'on se battait chez nous; mais si l'on juge de leur tactique par le genre de littérature que l'on rapporte de leur pays, vous seriez peu familier avec le système militaire de l'Europe. La police vous conviendrait, si l'on en juge par les attaques désintéressées que vous renouvellez sans cesse contre le ministre. Malgré leur étonnement de vous voir dans leurs rangs, les grands hommes dont la réputation se fonde sur des libelles bien séditieux, ou sur des articles insérés dans des journaux vendus aux factions, vous secondent de tous leurs vœux, dans l'espoir de voir tomber les entraves odieuses dont on arrête l'élan de leur génie. Mais jusqu'ici leurs efforts et les vôtres sont restés sans succès. Puisque vous ne pouvez réussir de ce côté, attaquez le ministre de l'intérieur. Une dénonciation de plus doit si peu vous coûter ! Faites valoir les titres qui établissent vos droits à ce ministère. Parlez de vos voyages, et montrez quelques roseaux du *Mescacebé*, et cette précieuse bouteille qui renferme de l'eau du Jourdain ; citez l'étude profonde que vous avez faite de la société, sous les huttes des sauvages de l'Amérique ; rappelez les services que vous avez rendus à la religion, en la mettant en romans ; à la politique, en la mettant en brochures ; au roi, en attaquant les dépositaires de son autorité. Faites sonner bien haut le courage qui, dans une circonstance où vous n'aviez pas à choisir, vous a fait changer de place vos pénates légers ; si cela ne suffit pas, tirez encore le canon de détresse, et les portes du ministère s'ouvriront. Une fois parvenu, vous écarterez des places les hommes qui n'auraient partagé ni *vos dangers*, ni vos opinions, pour y porter ceux qui se recommandent par une longue et *courageuse* inutilité ; et, laissant à des esprits vulgaires les soins minutieux de l'administration, vous ne vous ne réserverez que la partie *poétique* du ministère : la religion, les beaux-arts, l'instruction publique et l'opéra.

J'espère qu'alors vous penserez à ces amis si peu exigeans qui vous prônent sans vous connaître, et vous admirent sans vous comprendre. Sous ce dernier rapport, M. le Vicomte, je mérite plus qu'un autre une protection à laquelle les avis importans que je viens de vous transmettre, me donnent de nouveaux droits.

J'ai l'honneur d'être, avec la considération qui vous est due,

M. le Vicomte,

Votre très-humble serviteur.

* * * *